Autrefois, j'étais le sanctuaire des maladies

Cela m'a coûté trente ans et, s'il fallait encore attendre, j'attendrais

Silerot Loemba

Autrefois, j'étais le sanctuaire des maladies

Cela m'a coûté trente ans et, s'il fallait encore attendre, j'attendrais

© 2019, Silerot Loemba

Edition : BoD - Books on Demand

12/14 rond-point des Champs Elysées

75008 Paris

Imprimé par BoD – Books on Demand, Norderstedt, Allemagne

ISBN : 978-2-322089987

Dépôt légal : juin 2019

Introduction

Alors que « le plan de Dieu pour notre santé » est que nous puissions jouir d'une bonne santé, comme en témoigne l'apôtre Jean dans sa troisième épître au verset 2 lorsqu'il dit : « Bien-aimé, je souhaite que tu prospères à tous égards et sois en bonne santé, comme prospère l'état de ton âme », d'où vient-il que l'Homme soit encore malade ? Puisque Dieu veut que nous jouissions d'une bonne santé, est-il normal de souffrir encore de plusieurs maladies pendant son enfance, son adolescence ou encore à l'âge adulte ?

Alors que le plan de Dieu pour notre corps est qu'il soit « le temple du Saint-Esprit », comme Dieu le révèle par l'intermédiaire de l'apôtre Paul en 1 Corinthiens, chapitre 6, verset 19, lorsqu'il dit : « Ne savez-vous pas que votre corps est le temple du Saint-Esprit qui est en vous, que vous avez reçu de Dieu, et que vous ne vous appartenez point à vous-mêmes ? », d'où vient-il alors que l'Homme est vu comme le temple de la maladie au lieu d'être une habitation de l'Esprit de Dieu ?

Alors que le plan de Dieu pour notre cœur est qu'il soit en paix et qu'il ne se trouble pas, comme en témoigne Jean (14:27) : « Je vous laisse la paix, je vous donne ma paix. Je ne vous la donne pas comme le monde donne. Que votre cœur ne se trouble point, et ne s'alarme point », notre cœur devrait-il se garder en paix quand vient la maladie ? La maladie n'est-elle pas déjà un trouble, par définition, puisque le dictionnaire Larousse la définit comme un trouble ou un dérangement de notre santé physique ?

Un être humain est-il condamné à la fatalité d'être affecté par des pathologies dès son enfance jusqu'à l'âge adulte ? Est-ce une fatalité comme le pensent certains ? Est-ce le karma, comme le disent d'autres ?

C'est ici l'histoire d'un homme, affecté par des maladies depuis son enfance jusqu'à l'âge adulte, racontée dans ce livre, afin de soutenir la parole de celui qui est fatigué par le poids écrasant de la maladie. L'objectif de ce livre n'est pas d'apporter toutes les réponses aux questions qu'une personne malade peut se poser, mais de la fortifier, de la réconforter dans ses attentes d'une guérison. C'est pourquoi il sera question ici, sans langue de bois, de toutes les affections de courte et de longue durée subies par le héros de notre histoire, afin de montrer que la maladie n'est pas forcément la fin d'une vie, mais, que, au contraire, elle peut constituer une occasion unique de nous aider à nous connaître nous-mêmes, à grandir, à mieux apprendre de la vie, de l'environnement et des autres ; mais aussi un tremplin pour apprendre à connaître Dieu. Peut-être me direz-vous que vous connaissez déjà Dieu. Je vous répondrai alors que cela peut être une occasion de mieux le connaître encore.

Né au cœur de l'Afrique, sous un climat tropical humide, j'ai vécu une enfance marquée par une série de maladies connues de tous, par leurs noms et leurs symptômes.

L'énurésie nocturne

Mais qu'est-ce que c'est, avant tout ?
La science définit l'énurésie nocturne comme une affection caractérisée par la survenue pendant le sommeil de mictions involontaires et inconscientes chez l'enfant de plus de cinq ans ou l'adulte. C'est ce que désigne familièrement l'expression « faire pipi au lit » (l'encyclopédie libre Wikipédia).
Mais à quoi est-elle due ?
L'énurésie nocturne est due à un sommeil profond, à un manque de maturité du réflexe de miction ou à un trouble psychoaffectif.
Si la réalité scientifique distingue deux types d'énurésie (primaire et secondaire), dans ma réalité quotidienne, c'était « l'énurésie nocturne primaire », car il n'y a pas eu un moment de propreté observé pendant quelques mois, il n'y avait pas de pause. Elle était toujours présente. Comme à un ami à qui l'on disait : « Merci d'être là. »
De 0 à 6 ans, cela était vu comme naturel, par moi-même et par mes parents ; cependant, à dix, douze, seize ans, c'était alors perçu comme une maladie.
Quelle affection !
Elle commençait par un rêve, me faisant croire à une miction la journée, et, à mon réveil, je remarquais étonnamment que j'avais fait pipi au lit. Quelle honte !
J'étais énurétique jusqu'à l'âge de vingt. Oui, cela m'a coûté vingt ans d'attente, et, si ç'avait duré trente ans, j'aurais dû encore attendre.
Quelle rude épreuve ! En réalité, cette affection éprouvait non

seulement moi-même, mais aussi ma famille. En ce sens qu'elle devait vivre au quotidien avec la hantise d'un enfant ou d'un frère énurétique. Tous les parents qui nous rendaient visite savaient que j'étais énurétique. Il fallait alors composer avec ce spectre au quotidien, croisant le regard enragé de ma mère ou de mon père chaque matin. En réalité, chaque matin, je mettais tous mes efforts pour dédramatiser la situation, mais c'était sans succès, car les dégâts de l'énurésie étaient constatés de tous, puisque je pouvais avoir jusqu'à trois mictions au lit en une seule nuit. C'est là que je pouvais voir l'un de mes parents, outré, me rendre responsable de l'énurésie. Car, pour eux, c'était inconcevable qu'un enfant fasse pipi au lit jusqu'à l'âge adulte.
C'est ainsi que j'entendais des choses un peu stupéfiantes. Car les gens avides de conseils suggéraient à ma mère de m'attacher le crapaud sur la taille pendant la nuit, et, selon eux, l'énurésie devait disparaître au bout de quelques semaines. Je me suis toujours demandé d'ailleurs pourquoi mes parents n'avaient pas essayé, ne serait-ce qu'un jour, cette proposition. En effet, quand l'un d'eux prenait la décision de m'attacher le crapaud la nuit, il arrivait que soit il oubliait, soit il était empêché par quelque chose d'autre. Et cela pendant toutes ces années. Je vais dire que, pendant dix ans, aucun de mes parents ne m'attacha le crapaud comme le suggérèrent les conseillers avides. Incroyable, n'est-ce pas ? Je vais vous donner mon avis. En fait, Dieu n'avait jamais permis à mes parents de m'attacher le crapaud sur la taille, parce que c'était une idée stupide. En réalité, lorsqu'une idée ou un conseil est stupide, Dieu ne permettra pas que l'on puisse même l'essayer. Je veux parler de ceux qui comptent sur lui, bien sûr.
En fait, ce qui était étonnant, et je dirais même inquiétant, c'est que les années passaient et l'énurésie était toujours là, et il n'y avait aucune voie de sortie et aucun remède à cela. Que faire ?
Fallait-il aller crier à la rue pour plaider ma cause ou dire que j'étais un cas étrange ? Surtout, il ne fallait pas que les voisins soient informés de cette énurésie, encore moins mes camarades de quartier

ou mes collègues de classe. Car cela aurait été un désastre. J'aurais été à leurs yeux comme une catastrophe. C'est pourquoi j'étais prudent comme un serpent à ce qu'aucun de mes collègues ou de mes amis ne le sache. C'est là que j'ai appris à garder certains secrets comme des chasses gardées. C'est là que j'ai appris ce qu'étaient la persévérance et la patience. Car vivre avec l'énurésie pendant vingt ans est une épreuve difficile à soutenir. Une rude épreuve, mes chers amis.

En réalité, je vivais chaque jour l'humiliation à cause de l'énurésie. Je faisais face à la honte et aux moqueries chaque jour, puisque, aux yeux de certains membres de ma famille, j'étais complice de cette énurésie. Chaque matin, je devais passer par un bref interrogatoire. J'étais abreuvé de questions comme : comment tu as pu faire pipi au lit ? Pourquoi tu ne m'as pas réveillé ? Pourquoi tu as bu beaucoup d'eau hier ? Pourquoi il n'y a que toi qui continue à faire pipi au lit, alors que tes frères et sœurs ne le font pas ou ne le font plus ? Jusqu'à quand tu vas continuer à nous faire ça ? Ce n'est que peu de temps après que j'ai compris : tout ce que nous faisons, de manière volontaire ou involontaire, touche et affecte notre famille ou encore notre entourage. Ce qui peut justifier leur réaction, négative ou positive, à notre égard.

Le matin, les interrogations variaient selon la gravité des ravages causés par l'énurésie. Car, parfois, les dommages touchaient ceux qui partageaient le même lit que moi, à savoir mes frères ou encore les invités. En effet, il arrivait qu'un invité vienne loger chez nous, et l'on devait donc partager le même lit. La nuit, on pouvait être vus comme les meilleurs amis du monde, on pouvait parler de tout et de rien, se lancer dans des fous rires ; mais, le matin, au réveil, c'était tout autre chose. L'invité n'était plus mon ami. Soit il partait sans faire de commentaire à mon sujet par respect pour ceux qui l'avaient logé, soit il se dressait au rang des accusateurs, me rendant coupable de la situation. Il m'a donc fallu assumer cette responsabilité tous les jours pendant vingt ans.

Je voulais me débarrasser de cette énurésie nocturne, en finir avec elle ; cependant, elle était toujours attachée à moi. Comment faire pour en venir à bout ? La réponse était : me battre, lutter et persévérer. En fait, dès mon enfance, j'ai été confronté aux luttes contre les affections de longue durée, comme c'était le cas avec l'énurésie nocturne. Elle m'a certes humilié durant toutes ces années, m'a coûté du temps et de l'énergie, de la dignité, et a même voulu me faire perdre l'estime de moi. Mais la bonne nouvelle, c'est qu'elle a été vaincue.

Lutter contre l'énurésie, c'est, s'associer à une grande cause. Car combien de personnes énurétiques pouvons-nous compter au monde ? Des millions peut-être ? Je ne sais pas.
La réalité, c'est qu'il y a tant de personnes au monde, des enfants comme des adultes, qui sont affectées par l'énurésie. Et l'énurésie continuera à frapper les hommes jusqu'à la fin du monde. Car les uns en seront guéris, et les autres en souffriront. À dire vrai, ce n'est pas facile de parler de l'énurésie lorsque l'on en est atteint. Cela demande beaucoup de courage. Ce qui nécessite beaucoup de compréhension pour l'entourage ou les proches.
Alors, comment a-t-elle été vaincue ? Parlons-en.
Je vivais tous les jours avec l'énurésie en croyant que je m'en sortirais un jour. En fait, chaque nuit, lorsque je me voyais réveillé par les dommages de l'énurésie, du lit même, j'adressais une prière à Dieu. Je disais : « Seigneur Dieu, regarde cette situation. Aide-moi, délivre-moi de cette affection humiliante. » Tout le temps, je fis la même requête jusqu'à ce que l'énurésie me quitte. Permettez-moi de préciser encore que j'ai arrêté de prier au sujet de l'énurésie que lorsque j'ai été guéri. Autrement dit, si l'énurésie avait duré trente ans, j'aurais dû continuer à prier. Car, même si je ne voyais pas de changement, tout au fond de moi, je savais que Dieu n'était jamais à court de solutions.
Vous me direz peut-être que vingt ans, c'est trop à attendre. Je vous montrerais un homme qui a attendu pendant trente-huit ans pour être guéri par le Seigneur Jésus-Christ. Je précise bien que cet homme

est resté malade pendant trente-huit ans. Vous trouverez cette histoire dans la Bible, notamment dans le livre de Jean, chapitre 5, versets 1 à 16.

J'ai lutté, j'ai persévéré, j'ai cru et j'ai été patient pendant vingt ans, et l'énurésie a été anéantie. Aujourd'hui, je la cherche, mais je ne la trouve plus : aucune trace, aucun effet sur moi. J'en suis sorti vainqueur. C'est pourquoi, je peux prendre la plume pour parler de l'énurésie aujourd'hui. C'est la raison pour laquelle je peux me permettre de réconforter quelqu'un qui est concerné par l'énurésie, soit lui-même, soit un de ses proches. Je me souviens, il y a un an de cela, je parlais avec un homme d'une cinquantaine d'années qui se plaignait parce que son fils de quinze ans faisait encore pipi au lit. Je lui dis : « Oncle Ed, sois patient avec ton fils. » Il me répondit : « Qu'est-ce que je n'ai pas fait pour que mon fils soit guéri de l'énurésie ? C'est sans succès jusqu'à aujourd'hui. » J'insistai : « Oncle Ed, sois patient, ça finira. » Quelques mois plus tard, mon frère cadet m'informa que le fils de Oncle Ed fut guéri de l'énurésie. Voilà pour la petite histoire.

C'est pourquoi nous ne pouvons pas abandonner le combat contre telle ou telle maladie. Nous devons continuer à nous battre jusqu'au bout ; ne laissons jamais la maladie nous dominer, domptons-la en disant : « Tu as eu un début, mais tu auras une fin. Je sortirai victorieux, quels que soient la durée ou les effets nuisibles. » Telle doit être l'attitude d'une personne atteinte d'une maladie, quelle qu'elle soit.

Aujourd'hui, que devons-nous dire à ceux qui sont énurétiques ?
Luttez, soyez patients et croyez que vous serez guéris.
D'ailleurs, si nous n'avons pas appris ce qu'est la patience, avec l'énurésie, nous l'apprenons.
C'est aussi avec l'énurésie que nous apprenons la virilité, c'est-à-dire la capacité à encaisser les coups (qualité essentielle pour un homme). Car, chaque matin, vous êtes sujet de railleries. Pour tout dire, vous êtes la risée de la famille.

Que dire à ceux qui vivent avec des personnes énurétiques ?
Nous vous supplions, par les compassions du Seigneur Jésus-Christ, de ne pas les accabler de remarques accusatrices. Car, par définition, l'énurésie est une affection causée par des mictions involontaires. Retenons bien ce terme : mictions involontaires. Soyons donc patients envers eux, nous vous en prions.

Ensuite, après l'énurésie, j'ai été affecté par la gale. Oui, chers amis, c'est cela être le sanctuaire de la maladie.

Épreuve 2 : la gale

Mais qu'est-ce que c'est, avant tout ?

C'est une maladie infectieuse de la peau causée par un parasite de type acarien microscopique, le sarcopte, comme le définit l'encyclopédie Wikipédia. On distingue la gale humaine, spécifique à l'homme, et les gales spécifiques à d'autres mammifères.

Pour mon cas, elle ne se manifestait que sur la tête. En effet, elle commençait par des démangeaisons et laissait apparaître des lésions cutanées sous forme de petites plaies. Elle se déclenchait quand j'avais neuf ans et a pris fin à quinze ans. Cela m' coûté six ans d'attente et de souffrance.

La gale me contraignait à avoir une apparence non souhaitée. En fait, j'étais obligé de me faire raser le crâne. J'avais tout le temps la boule à zéro, parce que l'on me mettait des produits sur la tête pour traiter cette gale. Et je portais un chapeau pour m'éviter d'être la risée de mes collègues de classe et aussi pour abriter mon crâne rasé de la chaleur brûlante du soleil.

Mais, malgré cela, j'étais l'objet de moqueries en classe. À l'école, mes collègues et moi respiraient la moquerie. Ils m'avaient trouvé un surnom : l'homme au chapeau. Ce surnom faisait rire presque toute la classe, et parfois même les enseignants.

Je devais ainsi porter un chapeau pendant toute la matinée ou encore l'après-midi. Je ne l'enlevais qu'une fois rentré à la maison.

Ainsi, le chapeau était souvent retenu par les petites plaies causées par la gale, au bout de cinq heures. C'est pourquoi je prenais assez de temps pour l'enlever. Il ne fallait surtout pas l'enlever trop vite, car cela aurait brusqué la gale. Et s'il m'arrivait de la brusquer, je déclarais la guerre à la douleur.

Ma tête était parsemée de lésions imbibées d'une pommade et

d'autres produits dermatologiques. C'est ainsi que je ne pouvais pas l'exposer à la vue de mes collègues. Ce n'était pas agréable à voir.

Mes parents, face à cette gale récurrente, disaient que l'on m'avait jeté un mauvais sort. Certains disaient que ce mauvais sort venait d'un membre de la famille, d'autres laissaient échapper qu'il venait du quartier. Voilà les affirmations qu'ils avançaient pour justifier mon sort.

En réalité, cette gale nous a conduits à consulter l'un des meilleurs dermatologues de la ville. Mais c'était sans succès, puisque la gale était toujours là malgré les consultations et les traitements que le dermatologue nous avait proposés. Cet échec n'a fait qu'alimenter la position de ceux qui pensaient que cette gale récurrente était causée par la sorcellerie.

Car, pour eux, la preuve était là : même le meilleur dermatologue de la ville n'avait pu faire quelque chose.

Voyez-vous comment le trouble peut s'installer dans le cœur, à la pensée que même le meilleur dermatologue qui pouvait me soigner avait échoué.

C'est souvent dans de tels moments que la vraie foi commence. C'est souvent en pareilles circonstances que Dieu veut nous voir n'espérer qu'en lui.

Et ma longue expérience de malade me permet de dire que nous devons prendre des médicaments pour nous soigner, mais que nous devons espérer en Dieu pour être guéris.

Six ans plus tard, j'ai été soigné avec succès par un assistant qui dispensait des soins dans un cabinet médical de notre quartier. Cet assistant était méconnu dans la ville, il n'avait aucune renommée. Et, pourtant, c'est par lui que Dieu est passé pour me soigner avec succès. Quelle confusion ! Quelle leçon à retenir !

Permettez-moi de souligner quelque chose. En fait, ce n'était pas que le meilleur dermatologue n'avait pas réussi à me soigner. Mais je pense que c'était une question de temps, c'est-à-dire le bon moment pour être guéri.

Puis-je me permettre de rappeler ici que la Bible dit : « Il y a un temps pour tout, et un temps pour chaque chose sous le ciel » (Ecclésiaste, chapitre 3, verset 1).

Ainsi donc, c'était le temps de la guérison. Car il y a un temps pour être malade et un temps pour guérir.
Permettez-moi encore de préciser ici : « Et un temps pour guérir » (Ecclésiaste, chapitre 3, verset 3).
Dieu nous a montré aussi par cette expérience que, le véritable médecin, c'est lui. Car, avant, on avait placé notre espérance dans le dermatologue, puisqu'on le considérait comme le meilleur de la ville. Cependant, six ans plus tard, Dieu nous a montré qui était réellement le meilleur dermatologue.
Dieu est passé par un assistant pour me guérir, pour nous confondre et pour orienter notre espérance vers lui, pas en un homme (le dermatologue) comme nous le faisions avant.

Enfin, c'est aussi une bonne leçon à retenir de la part de certains médecins qui se croient meilleurs que les autres. Aujourd'hui, les expériences rapportées par Dave Logan et John King, dans leur livre *Manager votre tribu,* nous invitent à parler plutôt en termes de groupe (« Nous sommes meilleurs ») et non en termes individuels (« Je suis génial et pas toi »).

Après la gale, j'ai été atteint de bronchite. En effet, c'est cela être le sanctuaire de la maladie.

Épreuve 3 : la bronchite

Mais qu'est-ce que c'est premièrement?

La bronchite est caractérisée par une inflammation des bronches, les conduits qui mènent l'air inspiré par la trachée aux poumons. Et donc, c'est cette inflammation qui rend la respiration plus difficile, car les parois des bronches sont enflées et produisent une quantité importante de mucus. La bronchite s'accompagne d'une toux profonde.

Si, en Occident, on en est souvent atteint pendant l'hiver ou l'automne, en Afrique centrale, on enregistre beaucoup de cas de bronchite pendant la saison sèche.

Et j'ai souffert de bronchite plusieurs fois, de l'enfance jusqu'à l'âge adulte. Assurément, la bronchite chez moi était récurrente, et elle n'était pas seulement causée par un virus ou encore une bactérie, mais parfois par la fumée produite par la combustion du charbon au moment de la cuisson des aliments. Car, à l'époque, cette pratique était fréquente, et elle le demeure. En effet, tout le monde n'avait pas les moyens de s'acheter un réchaud à gaz ou un réchaud électrique. C'est pourquoi l'on enregistre souvent dans certaines régions de l'Afrique et de l'Asie du Sud-Est plusieurs infections respiratoires aiguës ou chroniques.

L'effet le plus marquant de cette maladie chez moi était la toux. Une toux sèche persistante et irritative. Je ne sais certes pas s'il s'agissait d'une bronchite aiguë, mais je pouvais en souffrir deux fois dans l'année. Car, une fois traité, après trois semaines de traitement, quatre ou cinq mois plus tard, j'en étais de nouveau atteint. C'est pourquoi je m'étais aussi familiarisé avec certains produits antitussifs, comme le sirop Broncalène, Néo-codion comprimé, Néo-codion sirop ou Bronchokod.

En réalité, je pouvais respirer encore assez bien la journée, mais, quand venait la nuit, des quintes de toux m'irritaient la poitrine. Le matin, avant de me lever du lit, c'était encore pire. C'est ainsi que j'ai fait la connaissance du sirop Broncalène. C'était un ami des causes urgentes. Cet ami m'aida à lutter contre les effets nocifs de la bronchite.

À l'école, et notamment en classe, je n'étais pas épargné par les moqueries. Lorsque j'avais une quinte de toux, en plein cours, certains collègues se retournaient pour me regarder et d'autres encore se plongeaient dans un rire moqueur. Parfois, un des collègues disait d'un ton ironique : « Est-ce que ça va ? » Je répondais : « Oui, ça va, ça ira. » Et toute la salle plongeait dans un fou rire. Quelle honte ! Mais il y avait heureusement quelques âmes empreintes d'empathie parmi mes collègues, qui m'accompagnaient sur le chemin du retour à la maison lorsque j'avais de la fièvre. C'étaient certainement des fièvres dues à une inflammation des bronches, entre la trachée et les poumons.

Comme toutes les mères, maman ne supportait pas de voir son rejeton, c'est-à-dire son fils, avoir des accès de toux, aux petites heures de la nuit. C'est pourquoi elle s'arrangeait pour que j'aie un sirop antitussif.
En fait, la journée, je devais éviter de boire de l'eau glacée ou de manger des aliments secs comme le pain ou le riz. C'est ainsi que, très jeune, je devais faire abstraction de certains aliments, pourtant bons à manger, objectivement parlant, mais peu recommandés pour mon état de santé. Quelle privation ! Quelle tristesse de ne pas m'offrir quelques aliments que je voulais manger à cause de la bronchite. En effet, c'est ce que l'on vit lorsque l'on est le sanctuaire de la maladie. Mais, la bonne nouvelle, c'est que j'ai été guéri de la bronchite chronique après plusieurs années de lutte.

Après cela, j'ai été atteint de paludisme des dizaines de fois.
Mais comment ça ? Parlons-en.

Épreuve 4 : le paludisme

Commençons par voir ce que c'est. L'Organisation mondiale de la santé (OMS) nous indique que le paludisme est une maladie potentiellement mortelle, due à des parasites transmis à l'homme par des piqûres de moustiques femelles infectées.

D'après les dernières estimations de l'OMS, on compte, rien qu'en 2016, 216 millions de cas de paludisme dans 91 pays. Le paludisme a entraîné 446 000 décès en 2015 et 445 000 en 2016.

Le continent africain est la zone est la plus touchée, avec 90 % des cas de paludisme et 91 % des décès dus à cette maladie rien qu'en 2016, comme en témoigne l'OMS. Voyons-nous que, parler du paludisme, c'est, s'intéresser à une grande cause ?

En fait, il me semble tout à fait naturel de souffrir du paludisme lorsque l'on a été l'objet d'une piqûre de moustique infecté. Mais il est consternant de voir le paludisme s'inviter chaque fois sur un enfant. Ce qui était mon cas. En réalité, j'ai souffert du paludisme dès les premières années de mon enfance, et c'était récurrent, c'est-à-dire qu'il revenait de façon répétitive sur moi.

J'étais souvent à l'hôpital. Celui-ci était presque devenu ma seconde maison. Parfois, je faisais des crises de paludisme et me réveillais dans un lit d'hôpital sous le regard consterné de ma mère. De tous les enfants, c'était moi qui étais constamment paludéen. Mes frères et sœurs en souffraient aussi, mais ils s'en remettaient vite. Ce qui n'était pas le cas pour moi. Car il y avait même des fois où je pensais que je devais rendre l'âme, vu l'ampleur du paludisme et ses effets préjudiciables sur ma santé.

Je me souviens des jours où, alors que la nuit était à son zénith, mon père et ma mère étaient obligés de m'amener à l'hôpital. Et je voyais parfois comment mes parents se disputaient sur le chemin de l'hôpital à cause de mon état de santé. Ma mère m'a confié que, un jour, alors que j'avais fait une crise de paludisme, mon père avait tenté de m'ouvrir la bouche. Il avait mis une fourchette sur mes dents pour essayer de les ouvrir, car j'avais perdu connaissance et ma bouche était complètement crispée. Ah, ma pauvre bouche ! Qu'est-ce qu'elle avait fait ou dit de mauvais pour subir un tel préjudice ?

Ô combien je rendis mes parents perplexes à bien des égards pour ma seule cause, alors qu'ils eurent d'autres enfants à entretenir !

Ô combien de fois mes voies intramusculaires reçurent des injections ! Des centaines de fois.

Ô combien de fois mes veines reçurent des perfusions ! Des centaines de fois.

Ô combien de comprimés mon estomac digéra ! Des centaines. Rien que pour le paludisme.

Parfois, mes parents manquaient d'argent pour le taxi. Ils me portaient alors tour à tour sur leur dos. Mon père commençait et, lorsqu'il était fatigué, ma mère prenait la relève. Alors que je restais agrippé sur leur dos, mes parents, eux, se prêtaient à ce type d'exercice jusqu'à l'arrivée à l'hôpital, parcourant une distance de deux à trois kilomètres à pied.

Notons : au milieu de la nuit, distance, poids écrasant d'enfant sur le dos.

Quand j'y pense, je dis souvent : « Que Dieu bénisse mes parents ! »

Avec le paludisme, je m'étais aussi fait de nouveaux amis, comme la Nivaquine, le Quinimax ou le Fansidar. Cependant, je n'aimais pas l'aspirine. En fait, j'avais de la peine à l'avaler. Vous me demanderez peut-être pourquoi. Je vous répondrai que je n'appréciais pas sa saveur. C'est ainsi que, lorsque l'on me forçait à avaler de l'aspirine, je restais longtemps au robinet, en me rinçant la bouche pour enlever la saveur de l'aspirine. Et c'étaient des litres d'eau perdus. Quelle maladresse ! Quel gâchis !

Je me rappelle aussi les jours où je tentais de persuader l'infirmière de ne pas me donner de l'aspirine. Je lui proposais de me donner un autre médicament plutôt que les comprimés d'aspirine. En fait, je préférais les injections aux comprimés.

Enfin, ce paludisme récurrent avait contraint mes parents à faire appel à un de leurs amis, infirmier, pour me faire des injections et me mettre sous perfusion à la maison. C'est ainsi que je restais allongé pendant trois ou quatre heures pour regarder se vider la bouteille de perfusion qui coulait goutte à goutte dans mon organisme par la voie veineuse.

La lutte contre le paludisme était longue pour moi. De l'adolescence jusqu'à l'âge adulte. Mais, après le paludisme, j'ai par ailleurs été atteint d'épilepsie. Oui, c'est cela être le temple des maladies.

Épreuve 5 : l'épilepsie

Mais qu'est-ce que c'est, d'abord ?

L'épilepsie est une maladie neurologique qui se caractérise par un fonctionnement anormal de l'activité du cerveau. Elle se traduit par la répétition de crises imprévisibles et souvent très brèves.

Selon Psychomédia, source rattachée à l'OMS, l'épilepsie est une affection chronique du cerveau qui se caractérise par des crises récurrentes qui résultent de décharges électriques excessives.

J'étais pratiquement en fin de cycle primaire, en classe de CM2, lorsque j'ai été atteint par l'épilepsie. Un dimanche matin, j'avais pris la résolution de me rendre à l'église, notamment à la paroisse Saint-Pierre de Pointe-Noire. Je préparais ma tenue ce matin-là et je commençais à m'habiller. Est arrivé le moment de me chausser. J'étais assis sur le bord du lit ; j'enfilai la première chaussure et, au moment où je pris la seconde, je fis une crise épileptique. J'avais perdu connaissance. Je me suis réveillé dans la maison d'une assistante médicale qui habitait à quelques mètres de notre maison. Lorsque je repris connaissance, je levai les yeux et vis quatre personnes qui parlèrent à voix basse autour du lit sur lequel je fus allongé. Il y avait mon père, ma mère, un voisin et l'assistante médicale. En me voyant réveillé, l'assistante médicale m'a posé la question suivante : comment te sens-tu ? Je lui ai répondu que j'allais bien. Elle donna quelques instructions à mes parents à mon sujet. Ensuite, nous sommes rentrés à la maison. Lorsque nous sommes arrivés chez nous, mon père me posa un certain nombre de questions. En fait, il cherchait à savoir s'il n'y avait pas quelque chose que j'avais vécu avant de faire cette crise épileptique. Je lui expliquai tout ce que j'avais fait auparavant. En réalité, ce n'était pas un procès ; mon père souhaitait sincèrement m'écouter. Après cela, il m'a donné un produit que l'assistante leur avait remis.

Comme c'est le cas pour toute maladie, une fois qu'elle est identifiée, il faut ensuite chercher à la traiter. Et, pour bien la traiter, il est souhaitable d'en connaître la cause, n'est-ce pas ? Or, en ce qui me concerne, la cause n'était pas identifiée. Il s'agissait d'une épilepsie idiopathique. En effet, lorsque la cause est connue, on parle d'une épilepsie secondaire ; en revanche, lorsque la cause n'est pas déterminée, on parle d'une épilepsie idiopathique. C'est celle dont j'étais atteint. En fait, c'est le type le plus courant, concernant six personnes atteintes sur dix, d'après Psychomédia.

Le voisin qui nous avait accompagnés chez l'assistante médicale a suggéré une idée à mes parents. Il leur proposa d'aller voir un guérisseur traditionnel, car il avait un témoignage. C'était celui de son propre fils, qui avait le même âge que moi et qui avait été traité, avec succès, par ce guérisseur traditionnel.

Permettez-moi ici de souligner une chose. Dans le pays dans lequel je suis né, le Congo-Brazzaville, nous adoptons principalement deux voies de recours pour espérer guérir une maladie. La première option est l'hôpital, mais, lorsque l'on remarque que la guérison tarde à venir, nous optons aussi pour la médecine traditionnelle. Et, parfois, nous consultons les charlatans pour nous aider à guérir. C'est quelque chose de très profond en nous. Assurément, cela relève de la tradition ancestrale.

Dieu merci, aujourd'hui, avec la lumière de l'Évangile, de nombreuses personnes commencent à abandonner cette tradition, parce qu'elles se rendent compte qu'elles ont été plus abusées et dupées que traitées.

Pour ma part, j'ai eu la grâce d'être traité par un homme. D'après lui, c'est son grand-père qui lui avait montré comment traiter l'épilepsie. Et il me donna aussi les témoignages de personnes qu'il aida à guérir de cette affection, parmi lesquelles figurait le fils du voisin qui nous avait accompagnés.

C'est ainsi que je commençai à me faire traiter par ce guérisseur. Le traitement dura quelques semaines. Mais à quel prix ?

En effet, je me réveillais chaque jour à quatre heures du matin pour commencer le rituel à cinq heures. Selon le guérisseur traditionnel, il fallait commencer et finir ce rituel avant le lever du jour. Quelle contrainte ! Il en était ainsi du premier jusqu'au dernier jour du traitement.

Donc, tous les jours, on parcourait un kilomètre à pied jusqu'à l'avenue où nous devions emprunter le taxi qui nous ramenait chez le guérisseur. J'ignore la distance qui séparait le domicile de mes parents de celui du guérisseur ; mais je dois vous avouer qu'elle était quand même assez importante, si bien que c'était risqué d'y aller à pied à quatre heures et d'arriver avant le lever du jour. Mais nous prenions quand même ce risque de nous rendre à pied, car la contrainte nous poussait à courir ce risque. À cause du manque d'argent pour emprunter le taxi. En effet, à certains moments, nous étions à court d'argent. Et, en pareilles circonstances, je me voyais confié à l'un de mes frères. Celui-ci avait les jambes pour parcourir de longues distances. Je dirais même que mon frère avait un talent caché que j'avais fini par découvrir à la suite de cette épreuve. Il aurait dû l'exploiter en l'investissant dans une compétition de marathon. En fait, à mes yeux, c'était un marathonien inavoué. J'ai appris par la suite qu'il préférait marcher plutôt que de prendre le taxi. C'était un habitué de la marche, et je lui dois beaucoup. Certainement, je lui dois beaucoup, car il s'est vu privé de son sommeil pendant deux semaines à cause de moi. Moi qui étais considéré comme le sanctuaire de la maladie.

Je me souviens encore des jours où l'on courait en arpentant rue après rue, quartier après quartier, pour arriver avant cinq heures du matin chez le guérisseur. Et j'ai encore le souvenir des quartiers éprouvés par des veillées mortuaires. On pouvait compter trois à quatre veillées mortuaires le long du trajet que l'on parcourait. Parfois, je m'arrêtais un instant pour observer ceux qui pleuraient leur mort à la mélodie des chants funèbres. Je n'avais pas le temps de compatir à leur détresse, car mon frère, le marathonien inavoué, était déjà à une certaine distance. Il fallait le rattraper, au risque de me perdre. Quelle détresse !

Ô combien de sacrifices on est parfois amené à faire lorsque l'on veut absolument guérir d'une maladie, surtout lorsqu'il s'agit d'un géant comme l'épilepsie ! En effet, l'épilepsie est un géant, parce que c'est une maladie chronique. C'est un géant parce que ces crises fréquentes peuvent nous surprendre à n'importe quel moment. C'est un géant car, environ 50 millions de personnes en sont atteintes dans le monde, d'après les estimations de 2017 publiées par l'OMS. Malgré les efforts de la science et de ceux qui luttent contre cette affection, que nous saluons ici, l'épilepsie continue à nous nuire. Mais la bonne nouvelle, c'est que, un jour, Dieu mettra fin à toutes ces maladies qui sont considérées comme les ennemies de l'homme. Ennemies, parce qu'elles nous attaquent et affectent notre santé. Oui, Dieu mettra fin à tous ces fléaux, et il mettra même fin à la mort, qui est considérée comme le dernier ennemi de l'homme.

Je me souviens que je ne me rendais presque plus à l'école pendant la durée de ce traitement. Mes collègues de classe les plus proches finirent par se rendre compte que je fus encore malade. Des fois j'apparaissais, et des fois, je disparaissais. J'ai été amené à reprendre la classe de CM2, car je ne pouvais pas bien me préparer à l'examen de CEP pour passer au collège, à cause des contraintes que m'imposait l'épilepsie. Quelle désolation !

Le guérisseur me traitait toujours derrière sa maison. En fait, je m'allongeais sur une natte, et il prenait le vin de palme avec d'autres produits. Il me les mettait sur tout le corps, accompagné d'un coq.

Et, comme j'avais peur, je fermais souvent les yeux à la moindre grimace du coq.

Le dernier jour du traitement, j'ai été contraint de manger un repas spécial. Ce repas était composé de plus de vingt aliments et ingrédients. Ce n'était pas possible de finir l'assiette sans avoir envie d'aller aux toilettes. C'était fait ainsi. Je n'avais même pas fini la cinquième bouchée que je me suis précipité « en réunion dans le bureau ovale », c'est-à-dire aux toilettes. Nous étions au nombre de huit environ ce jour-là, et tout le monde s'était rendu en réunion dans le bureau ovale. C'étaient des sourires échangés, des rires, des étonnements, etc. Quel spectacle !

À la fin de ce traitement, le guérisseur m'a fait porter un bracelet métallique entouré d'une bande de tissu bleu. Il a ensuite signifié que l'on reste sans inquiétude, car le bracelet devait disparaître tout seul, quelques semaines plus tard. D'après lui, l'épilepsie devait également disparaître de façon définitive après la rupture du bracelet. Et tout s'est passé comme il nous avait dit.

De tous les guérisseurs que j'ai pu rencontrer, c'est le seul qui ne nous a pas dupés. Pour ma part, je dirais que c'était quelqu'un que Dieu avait inspiré pour me traiter. Je remercie Dieu de m'avoir guéri de l'épilepsie par l'intermédiaire d'un homme. C'était l'époque où je ne connaissais même pas Dieu. Mais, maintenant, il sait que je connais ses promesses. Et donc, si je suis malade, je dois m'appuyer sur celles-ci. Aller à l'hôpital, bien sûr, suivre le traitement prescrit par les médecins et écouter leurs conseils, mais s'appuyer sur les promesses de Dieu. Et c'est dans la Bible que l'on trouve les promesses de Dieu pour notre guérison. Je l'ai découvert en lisant la Bible quotidiennement. Après l'épilepsie, j'ai aussi été atteint d'une autre maladie : la fièvre typhoïde. Oui, c'est cela être la maison de la maladie.

Épreuve 6 : la fièvre typhoïde

Je l'ai appris à l'école d'une manière théorique. Mais je n'ai su ce que la fièvre typhoïde était réellement que lorsque j'en ai été atteint. Mais qu'est-ce que c'est, avant tout ?

La fièvre typhoïde est une maladie grave causée par des bactéries du genre *Salmonella*. Ces bactéries se retrouvent dans les aliments ou dans une eau contaminée.

L'OMS présente la fièvre typhoïde comme une infection potentiellement mortelle causée par la bactérie *Salmonella typhi*. D'après ses estimations, la fièvre typhoïde touche, chaque année, entre 11 et 20 millions de personnes et entraîne entre 128 000 et 161 000 décès. Les communautés pauvres et les groupes vulnérables, notamment les enfants, sont les plus exposés. Quel désastre pour l'homme ! Quel ravage !

Il est arrivé des fois où deux membres de ma famille et moi souffrions en même temps de la fièvre typhoïde. Comment ça ? Eh bien, puisque nous buvions la même eau et mangions les mêmes aliments contaminés. Parfois, c'est ma mère qui commençait à en souffrir et, dès qu'elle était guérie, la fièvre typhoïde s'abattait sur moi. Nous prenions par conséquent le même traitement.

Ainsi, je me retrouvais avec deux boîtes d'antibiotiques amoxicilline, et ma mère, avec les siennes. Il m'arrivait de finir les deux boîtes d'antibiotique sans être guéri. Je devais alors reprendre le même traitement. C'est aussi cela être la maison de la maladie. Il fallait donc reprendre tout le traitement de zéro pour mieux combattre les bactéries. Les bactéries qui causent la fièvre typhoïde se logent dans les intestins. C'est pourquoi mon ventre bourdonnait, comme pour signaler qu'il était en danger face à la menace de cette infection bactérienne. Et ces bourdonnements demeuraient tant que les bactéries n'étaient pas anéanties par l'effet de l'antibiotique.

De tous les signes qui identifient la présence d'une fièvre typhoïde, j'avais mon lot à moi. En effet, je contractais des fièvres qui atteignaient les 40 °C, j'avais des insomnies, des douleurs abdominales, des maux de tête et des nausées. Ainsi, si la journée je devais lutter contre les douleurs abdominales et les maux de tête, la nuit, je devais lutter contre les insomnies. Oui, c'est cela aussi être le sanctuaire de la maladie.

En fait, ce qui est particulier avec la maladie, c'est que vous devez faire face à une lutte continuelle aussi longtemps qu'elle est en vous. Et ce qui est intéressant avec l'épreuve de la maladie, c'est qu'elle vous apprend beaucoup. Elle vous apprend la patience, car vous ne savez pas quand exactement vous allez guérir, surtout lorsqu'il s'agit d'une maladie grave ou encore chronique. Ensuite, la maladie nous apprend la persévérance, parce que vous apprenez à rester ferme sur votre décision d'être rétabli, quel qu'en soit le prix à payer. Elle vous apprend aussi l'endurance, en ce sens que vous endurez la douleur et les effets indésirables qui proviennent soit de la maladie elle-même, soit des médicaments. La maladie forge notre caractère.

En réalité, si j'ai appris par définition les significations des mots « patience », « persévérance » et « endurance », c'est avec la maladie que j'ai vraiment appris à être patient, persévérant et endurant. Je me souviens des fois où je partais à l'hôpital pour me faire ausculter par un médecin. J'arrivais à dix heures, mais n'étais reçu par le médecin qu'à midi. Donc, je passais deux heures à attendre. Je passais ces heures sans avoir un téléphone à manipuler ou un livre à lire. Imaginons comment passe le temps lorsque l'on n'a rien pour nous occuper l'esprit. C'était la même chose dans les laboratoires d'analyses. Il fallait, là aussi, se montrer patient. Plusieurs fois, j'ai vu des gens arriver de bonne humeur et piquer des crises de colère à cause de la durée de l'attente. Je voyais parfois d'autres patients se plaindre parce qu'ils n'étaient pas reçus au bout de deux heures ; d'autres, en revanche, s'invitaient dans des exercices d'étirement des bras, des jambes et du cou, comme pour soulager leur fatigue. Quel spectacle ! C'était à la fois risible et édifiant. C'est dire combien nous devons faire preuve de patience et d'endurance lorsque nous sommes confrontés à une épreuve de maladie. Dans mon adolescence, je manquais de patience. Mais, avec les maux auxquels j'ai été confronté dès mon jeune âge, j'ai appris à être patient.

Car, malgré les plaintes, les interrogations, les cris d'angoisses ou de désespoir face à la violence de la maladie, je n'avais pas assez de choix à faire, sinon que de lutter avec l'aide des médecins pour combattre ce mal qui était en moi. Enfin, lorsque j'ai été guéri de la fièvre typhoïde, j'ai encore été frappé par deux autres maladies, notamment la teigne et l'otite. C'est cela encore être l'habitation de la maladie.

Épreuve 7 : la teigne et l'otite

Alors que j'avais déjà vingt ans, deux affections m'ont frappé.

D'abord la teigne, et ensuite l'otite.

J'étais pourtant devenu adulte, mais la teigne s'est invitée sur ma tête. Mais c'est quoi, avant tout ? La teigne est une maladie du cuir chevelu et des poils, provoquée par des champignons, les dermatophytes. La teigne se développe aux dépens des cheveux et des poils. Et, lorsque les champignons pénètrent les cheveux, ils les rendent fragiles et provoquent leur chute.

Je suis resté avec la teigne pendant quelques semaines. En fait, la particularité de la teigne, c'est qu'elle vous fait gratter partout où il y a les petits papillons. C'était le cas pour moi. Je me grattais plusieurs fois la tête pendant la journée, et je perdais des cheveux. Par la grâce de Dieu, un médecin m'a prescrit un bon traitement qui a éliminé cette teigne. Voilà comment j'en étais guéri. Dieu merci ! Quant à l'otite, elle s'est déclarée un matin, quelques heures après mon lever du lit. J'ai ressenti une vive douleur à l'oreille gauche. C'était le début de l'otite. Commençons par voir ce que c'est.

L'otite est une inflammation de l'oreille. Elle me faisait sécréter un écoulement jaunâtre à l'oreille indiquant la perforation du tympan accompagnée de très violentes douleurs. J'avais la sensation d'une oreille bouchée suivie de bourdonnements. C'est ce qui la caractérise également. Et là aussi, je devais lutter et combattre jusqu'à être guéri. J'étais en proie à un malaise général, car j'avais des vertiges, je ressentais de la fatigue, j'avais des troubles du sommeil et j'étais irritable. Il y avait des moments où j'avais des pertes d'équilibre et des étourdissements. Oui, c'est cela être le temple de la maladie. En réalité, j'ai passé quelques semaines avec cette otite, mais c'était comme si j'avais passé plusieurs mois, en raison de ses symptômes. Je me souviens du temps que je passais, penché sur l'oreille droite pour laisser le produit s'introduire dans mon oreille gauche qui était infectée. Je ne sais vraiment pas à quoi je peux comparer une maladie ou une infection. C'est comme un torrent qui peut s'abattre sur qui que ce soit, peu importe qui l'on est.

La maladie vous fait subir toute sa violence au point de vouloir vous anéantir. À quoi d'autre pourrais-je comparer une maladie ? À un vent impétueux qui vient souffler sur vous au point de vous emporter même si vous êtes l'homme le plus fort du monde.

Quand j'essaie aujourd'hui de réfléchir à la maladie, je vois qu'elle menace la santé et la conservation de la vie, qui constituent le premier besoin fondamental de tout être humain. Et je vois aussi qu'il y a plusieurs raisons qui peuvent être à l'origine d'une maladie : celles que nous connaissons grâce à la science ou la médecine, et celles que nous pouvons connaître grâce aux réponses que les Saintes Écritures nous apportent. En effet, il y a des maladies qui nous affectent pour éprouver notre foi, pour nous discipliner ou encore pour glorifier Dieu. Cependant, il y a également des maladies qui ont pour cause la possession démoniaque (les démons). Vous pourrez vérifier par vous-même tout cela en lisant la Bible.

Aujourd'hui, plusieurs personnes sont malades pour des raisons qu'elles ignorent encore. Mais, qui sait, peut-être que c'est pour que les œuvres de Dieu soient révélées.

Je me souviens des moments où je voulais vraiment savoir pourquoi je souffrais autant de maladies graves. J'interrogeais le Seigneur, mais je n'obtenais aucune réponse. Aujourd'hui, je comprends peu à peu que Dieu voulait que je découvre certaines réponses en lisant la Bible. Moi, je voulais qu'il me parle lui-même directement, je voulais entendre de mes oreilles la réponse, comme un homme parle à un homme. Mais Dieu se servait de la Bible pour me parler, pour me répondre. Oui, souvent, Dieu ne nous répond pas comme nous le souhaitons; il utilise ses moyens à lui pour nous parler, pour nous donner des réponses. Et le moyen principal qu'il utilise pour donner des réponses, c'est la Bible. Il utilise aussi d'autres moyens pour nous parler. Cela peut être le conseil d'un médecin, un témoignage, un rêve, une vision, une parole prophétique ou une parole de révélation. Mais le moyen principal pour un croyant qui cherche des réponses par rapport à une interrogation ou son sort, c'est la Bible. C'est la volonté de Dieu que les hommes et les femmes lisent la Bible. C'est une lettre d'amour que Dieu nous a donnée, pour trouver le réconfort et les réponses aux questions auxquelles nul ne peut nous répondre.

Surtout, lorsque je suis venu au Seigneur, j'avais du mal à accepter qu'un croyant soit encore malade. Et je n'étais pas le seul, d'ailleurs. Il y avait aussi un groupe de frères qui n'acceptaient pas cette réalité. Mais le récit du Seigneur Jésus-Christ sur le jugement des nations m'a aidé à comprendre que même un croyant engagé peut être malade. En effet, le Seigneur le dit en Matthieu 25 : 35-46 en ces mots : « J'étais malade et vous ne m'avez pas rendu visite. » En réalité, le Seigneur Jésus fait allusion aux croyants. Il révèle également à travers ce passage l'idée que Dieu est attentif à la façon dont nous nous comportons envers les croyants qui sont malades aujourd'hui. Car le jugement du Seigneur sur les nations sera bien au rendez-vous pour trancher sur notre attitude envers les malades. Je reconnais aussi par là même que, si je n'étais pas malade, je ne devrais pas m'interroger sur mon état. C'est ce qui m'a souvent amené à faire des recherches par moi-même en lisant constamment les Saintes Écritures. Et, en les lisant, je trouvais certaines réponses à mes questions, ce qui apaisait mes tourments.

Après l'otite et la teigne, j'ai été atteint d'une autre maladie grave : la tuberculose pulmonaire.

Épreuve 8 : la tuberculose pulmonaire

J'ai entendu parler de cette maladie lorsque j'étais encore adolescent, et je l'avais étudiée à l'école, en classes de CM2 et de troisième. Bien qu'étudiée théoriquement, j'ai su ce qu'était réellement la tuberculose lorsque j'en ai été atteint.

C'était un après-midi, je revenais de l'école. Je suis arrivé à la maison, je me suis changé, tout en déposant mes affaires scolaires à l'endroit habituel, et je me suis allongé sur le lit. C'est à partir de ce moment-là que j'ai ressenti les symptômes de cette maladie. En effet, j'ai commencé à avoir les premières quintes de toux. Je me disais que cela devrait s'arrêter après un moment. Or, je me trompais. Comparer la tuberculose pulmonaire à quelques quintes de toux de quelques jours, c'est se méprendre sur cette maladie.

La toux s'intensifiait, et j'ai soudain ressenti une douleur. Après vingt minutes environ, je n'avais plus de repos, c'est-à-dire que je ne pouvais plus rester, ne serait-ce que trois minutes, sans tousser. Et chaque quinte de toux provoquait une salive mêlée de sang. Ainsi, je gémissais à chaque quinte de toux, car c'était douloureux à supporter. Me voyant souffrir, ma mère m'a donné un sirop antitussif. Hélas ! C'était sans résultat ; au contraire, la situation devenait pire. Vouloir arrêter la tuberculose par un simple sirop, c'est aussi se méprendre sur cette maladie.

En réalité, ni ma mère ni moi ne savions de quoi il s'agissait. Nous étions en fin d'après-midi. Ce jour-là, j'ai passé une nuit terrifiante à cause de la violence de cette toux. Le lendemain matin, ma mère et moi sommes rendus à l'hôpital. Lorsque nous sommes arrivés à l'hôpital, un membre du personnel nous a conseillé de nous rendre au service d'hygiène. Là-bas, nous avons attendu près de deux heures avant d'être reçus. Voyons-nous que, si le temps qui est considéré comme l'un des précieux cadeaux que Dieu nous a donnés pour faire des choses utiles qui profitent à nous-mêmes et aux autres; Et voir l'hôpital, à lui seul, nous prendre des heures de notre temps, c'est dire à quel point la santé est le premier besoin fondamental des êtres humains. Pour la santé, nous dépenserons de notre temps, de notre énergie et de notre argent.

Ce jour-là, l'assistante médicale m'a remis une liste d'examens médicaux à faire, et nous les avons faits le jour même. Cependant, le temps est vite passé à cause d'une longue file d'attente; si bien que l'assistante ne pouvait plus nous recevoir le jour même. Et comme c'était un vendredi, on ne pouvait être reçus que la semaine qui suivait. Donc, j'ai passé deux jours de plus sans un traitement adapté à cette maladie. Quelle affliction ! Quelle épreuve !

Arrivés à cette semaine attendue, nous sommes partis à l'hôpital et nous avons encore attendu deux heures avant d'être reçus par l'assistante médicale. En fait, bien avant de découvrir de quelle maladie il s'agissait, j'avais déjà remarqué quelque chose d'inhabituel dans cette file d'attente, comparée à celles que j'avais connues auparavant. Cette file d'attente était constituée d'hommes et de femmes maigres et assommés par le poids de la maladie. De celle-ci sortaient des quintes de toux hors du commun. On pouvait à peine nous entendre parler, car il y avait plus de bruits que de paroles audibles. Quelle musique ! Quel spectacle ! Même leurs voix étaient affectées par la gravité de la tuberculose. Et c'est à cette épreuve que je devais faire face sans le savoir.

Mon tour était arrivé ; j'ai été appelé par l'assistante médicale. Après consultation des analyses, l'assistante nous a fait savoir qu'il s'agissait de la tuberculose pulmonaire. Ma mère était consternée par cette nouvelle.

Ensuite, après la révélation de la maladie, l'assistante qui m'avait ausculté a indiqué que je devais suivre un traitement de sept mois.

Elle établit un dossier et nous a envoyés dans un service de conseils réservé aux personnes atteintes de cette pathologie.

Une fois arrivés dans la salle du service, nous avons pris place, ma mère et moi. Dans ce service, il y avait un conseiller qui recevait et interrogeait, à tour de rôle, chaque patient. La majorité des patients était accompagnée par leurs parents, comme moi. J'étais accompagné par ma mère. Je remercie Dieu de m'avoir donné une mère comme Marie Fouti. Elle a été la femme dont Dieu s'est servi pour me construire, et je ne saurai lui rendre tout ce qu'elle m'a donné. Car sa seule présence à mes côtés pendant les moments les plus sombres de ma vie était un réconfort pour moi.

Lorsque j'ai été reçu par ce conseiller, il interrogea ma mère sur un certain nombre de points au sujet de cette affection grave et mortelle. C'était presque un interrogatoire avec des questions comme: est-ce la première fois que votre fils souffre de cette maladie ? Y a-t-il quelqu'un dans votre famille ou dans celle de votre mari qui a souffert de cette affection ? Vous-même, la mère, avez-vous déjà souffert de cette pathologie ? Connaissez-vous le chef de votre quartier ? Quel interrogatoire ! Je n'avais jamais assisté à un tel moment auparavant depuis que je fréquentais les hôpitaux. Oui, c'est cela aussi être le sanctuaire de la maladie. Après avoir fini de questionner ma mère, le conseiller m'a indiqué que je devais aller me présenter chez le chef du quartier pour me faire connaître en tant que patient souffrant de la tuberculose, puisque c'est une affection qui impose certaines contraintes. Parmi ces contraintes, il y avait le lever du lit et la sortie au-dehors à 5 h 30, avant que le monde ne se réveille, le creusement de la terre et la mise sous terre des crachats pendant les trois premiers mois du traitement. Aujourd'hui, quand je pense à tous ces moments, je me pose souvent cette question : d'où me venait la force de traverser ce calvaire ?

En effet, je me réveillais tous les jours très tôt alors que les autres dormaient encore, je sortais avec un pot de crachats, je cherchais un endroit dehors pour creuser la terre, à l'insu des gens, et j'enterrais le pot avec tout ce qu'il contenait, notamment les crachats mêlés de sang. On imposait cela aux tuberculeux pour éviter que les bacilles de Koch ne s'éparpillent à l'air libre. Voilà une contrainte que m'imposait la tuberculose pour limiter les risques de contamination.

En effet, la tuberculose pulmonaire dont je souffrais se définit comme une maladie infectieuse du poumon, causée par le bacille de Koch. Comme l'indique son nom, la tuberculose pulmonaire a pour lieu de résidence le poumon. Ce qui faisait que j'avais toujours mal, bien que je suivisse le traitement. Je prenais trois comprimés tous les matins avant les repas. Les comprimés que je prenais étaient rouges, si bien que mes urines avaient la même coloration que ces comprimés. J'étais alors très affaibli, à la fois par la maladie et par le long traitement que m'imposait cette affection. C'est ainsi que je pleurais beaucoup lorsque je me retrouvais seul.

J'étais en classe de terminale et je préparais le bac. Je me souviens des premières semaines de cette maladie. Mon père et moi étions au salon et, ensemble, on suivait l'histoire du président Nelson Mandela qui passait à la télé. Le film a révélé qu'il avait souffert de la tuberculose alors qu'il était encore en prison. J'ai été réconforté d'apprendre que même le président Nelson Mandela avait été terrifié par cette maladie.

Durant toute cette période, j'ai beaucoup souffert, car j'étais en proie aux douleurs pulmonaires. Je sombrais chaque jour dans une tristesse qui pouvait se lire sur mon visage. Tristesse que je ne pouvais cacher, tristesse dont nul ne pouvait me débarrasser. Certainement, c'est cela aussi être le sanctuaire de la maladie.

Un jour, je me rendais au lycée, j'étais en larmes en marchant et j'avais choisi d'emprunter un chemin où je ne pouvais pas être vu par un grand nombre de gens. Alors que je marchais, un monsieur m'a remarqué en larmes. Il m'a dit : « Jeune homme, pourquoi pleurez-vous ? » Voulant dissimuler cette réalité, je lui ai répondu:

« Non, je ne pleure pas. » Le monsieur a ajouté: « Tes yeux te trahissent. » Je lui ai rétorqué : « J'ai reçu une poussière dans les yeux, c'est pourquoi vous les trouvez rouges. J'essayais de l'enlever en frottant vainement. » En fait, le monsieur n'était pas dupe de mes manigances, puisque la tristesse sur mon visage trahissait mon chagrin. Il m'a consolé en me disant : « Je connais certaines personnes qui sont devenues grandes aujourd'hui dans tel ou tel domaine ; elles ont beaucoup souffert avant d'être ce qu'elles sont maintenant. ». Ces paroles me réconfortèrent durablement.

C'est dire combien ceux qui souffrent de maladies chroniques ou pénibles ont besoin de paroles d'encouragement pour les aider à surmonter les épreuves qu'ils traversent depuis de longues années.

Avec la tuberculose, je me suis retrouvé à maintes reprises dans une situation telle que décrite dans le Psaume 102 verset 6 : « À force de gémir, je n'ai plus que la peau sur les os. » En effet, je gémissais à l'intérieur de moi et, à l'extérieur, j'étais abattu et maigre. Oh ! Je me voyais diminué, jour après jour, par cette affection, en raison de sa violence, de sa gravité et de son lourd traitement curatif. Mais, même dans de telles situations, la Bible a toujours une réponse réconfortante, comme en témoigne Asaph dans le Psaume 73 verset 26 : « Mon corps et mon cœur peuvent s'épuiser, Dieu sera toujours le rocher de mon cœur et ma bonne part. »

Théoriquement, le traitement de la tuberculose durait six à sept mois. Cependant, pour mon cas, j'ai passé dix mois à prendre ce traitement. En effet, c'est cela encore être le sanctuaire de la maladie.

Lorsque je souffrais de cette maladie, j'avais une tante paternelle qui avait une affection similaire à la mienne. Nous avons partagé les mêmes peines et souffrances. Car, ma tante et moi prenions le même traitement. C'est ainsi que l'on se retrouvait souvent au service d'hygiène et que l'on passait le temps à s'encourager mutuellement. Nous marchions souvent ensemble sur le chemin du retour. La grande tristesse, c'est qu'elle a succombé à cette maladie, alors même qu'elle était encore sous traitement. Imaginez-vous le trouble que l'on peut ressentir lorsqu'une personne qui souffre de la même maladie que vous, décède, alors que tous les deux vous suivez le même traitement.

Volontiers, j'étais troublé, déçu par la disparition de ma tante. En réalité, j'étais plongé dans un chagrin que Dieu seul pouvait évaluer et enlever avec le temps. C'est ainsi que, lorsque l'on m'a informé de sa mort, je n'ai pas pris part aux deux premiers jours de la veillée mortuaire. Je ne me suis rendu qu'à compter du troisième jour. Car j'étais resté sous le choc.

Le choc de perdre quelqu'un de cher dans la famille, le choc de perdre quelqu'un avec qui l'on partageait les mêmes souffrances parce que nous suivions le même traitement. Certes, j'ai été guéri de la tuberculose pulmonaire par la grâce du Seigneur, mais les tristes souvenirs sont restés durablement en moi. La bonne nouvelle, c'est que non seulement Dieu m'a guéri de cette maladie, mais il m'a aussi aidé à laisser ces mauvais souvenirs derrière moi. Comment ? En lisant la Bible, car j'ai découvert des récits plus tristes, plus douloureux que les miens. Des cas plus bouleversants que mon cas. Et le réconfort que Dieu nous offre au travers de sa parole est bien meilleur que toute la psychologie du monde.

J'aime les psychologues. Ils font un travail formidable dans la société, en aidant des hommes et des femmes à guérir de leurs plaies du passé, à guérir de leur ressentiment. Ils sont là pour nous écouter, nous accompagner et nous conseiller. C'est un noble métier. Mais, pour ma part, j'ai expérimenté que, le premier et le dernier psychologue, c'est Dieu, car il m'écoutait, m'accompagnait et m'apportait les soins indispensables, dont mon cœur, mon âme et mon esprit avaient besoin.

Je me souviens encore d'une infirmière ; qui me donnait les médicaments pour chaque mois, qui m'a dit un jour : «Fais attention, jeune homme, parce que certaines blessures provoquées par cette maladie ne guérissent pas.» Par courtoisie, je suis resté silencieux, mais, dans mon cœur, je me disais que tout dépend de ce que l'on croit.

En fait, je lisais la parole de Dieu et prenais connaissance de ce que le Seigneur avait dit pour toute personne qui croit en lui. Or, je croyais en lui. Donc, mon espérance en Dieu ne pouvait pas être sans résultat.

Volontiers, j'ai expérimenté les promesses de Dieu dans sa Parole et, pendant trente ans de vie affectés par les maladies, je peux affirmer que, si nous croyons en Dieu, notre espérance ne restera pas sans résultat.

Le même poumon qui me faisait mal hier est devenu aujourd'hui une sorte de baffle qui fait retentir le son de mon gosier lorsque je loue Dieu. Et mon cœur, qui était autrefois abattu par des douleurs provoquées par diverses affections, est devenu aujourd'hui un lieu d'habitation de la joie et de l'amour de Dieu.

En somme, j'ai toujours été frappé par ce qui est écrit dans le premier verset du Psaume 132 : « Éternel, souviens-toi de David, de tout ce qu'il a souffert. » C'est comme si la souffrance et les maux étaient des lots qui accompagnent les enfants de Dieu dans leur vie ici-bas. Et même si nous ne connaissons pas toutes les raisons de leur présence dans nos vies, Dieu, lui, connaît tout et sait tout.

Aujourd'hui, je peux confirmer ce que David a dit dans le Psaume 34 aux versets 18 à 19 : « L'Éternel est près de ceux qui ont le cœur brisé, et il sauve ceux dont l'esprit est abattu. Beaucoup de malheurs atteignent le juste, mais l'Éternel l'en délivre toujours : il garde tous ses os, aucun d'eux n'est brisé. » Voilà ce que j'ai expérimenté aussi.

Vous me direz peut-être que nous ne sommes pas justes ou encore que nous ne sommes pas David. Certainement, moi aussi, je le dirais. Mais, lorsqu'une personne croit au Seigneur Jésus-Christ,

Dieu le déclare juste (Romains 3, verset 22). Parce que, comme le Seigneur Jésus-Christ, lui, le seul juste, est mort pour nos péchés ; si nous croyons au Seigneur Jésus-Christ, Dieu nous déclare justes. C'est pourquoi, en Christ, nous pouvons expérimenter cette promesse du Psaume 34 aux versets 19 à 21.

Épreuve 9 : le rhumatisme articulaire aigu

Lorsque j'ai été atteint de cette maladie pour la première fois, j'étais encore un adolescent. J'ai été tourmenté par cette maladie, avec son caractère chronique, de treize ans jusqu'à vingt-trois ans. En effet, cette maladie m'a coûté, à elle toute seule, dix ans. C'est pourquoi un livre a été consacré rien qu'à cette maladie. Il est intitulé : *Une décennie pour vaincre une maladie chronique.*

Aujourd'hui, quand je pense à ces moments, je me demande assez souvent d'où m'est venue cette foi, cette force d'âme qui m'a permis de traverser cette épreuve. Une épreuve si rude que, parfois, je dormais et me réveillais sans savoir si, un jour, je pourrais me rétablir.

En réalité, je ne me suis jamais posé autant de questions sur une maladie que je l'ai fait pour le rhumatisme articulaire aigu. Cependant, je m'accorde avec le docteur Derek Prince à dire que nous perdons notre énergie à nous poser de nombreuses questions inutiles : pourquoi cela est-il arrivé ? Nous devons dépasser ces questions, aller vers Dieu et dire: « Seigneur, montre-moi ce que je dois faire. » Et si Dieu le veut, il nous montrera ce que nous pouvons faire. Parfois, comprendre pourquoi les choses sont arrivées serait un fardeau pour notre esprit, mais Dieu nous donne toujours les réponses pratiques quand nous voulons savoir que faire.

Aussi, je dirais ceci pour réconforter celles et ceux qui sont malades depuis des mois voire des années ou encore celles et ceux qui accompagnent les personnes malades : Dieu peut vous donner la force nécessaire pour surmonter l'épreuve que vous traversez aujourd'hui, et il peut vous aider à en sortir victorieuses, si seulement vous pouvez l'inviter à venir vous secourir, quelles que soient la nature ou la durée de votre affection.

La bonne nouvelle est que Dieu a guéri les malades hier, qu'il continue de guérir les hommes et les femmes aujourd'hui, et qu'il continuera à guérir les malades demain, c'est-à-dire ceux qui seront malades après nous, dans les années à venir. Il le fera s'il le veut, jusqu'à ce qu'il élimine définitivement la maladie, la peste, la famine et la mort au milieu de son peuple.

Soulignons ici que, en Afrique ou dans d'autres régions du monde, il n'y a pas de sécurité sociale, il n'y a pas encore de prise en charge par l'État des personnes malades. Nous croyons que, par l'aide de Dieu et la bonne volonté des dirigeants, nous finirons un jour par avoir la couverture maladie dans nos pays. Mais, en attendant l'élimination définitive de la maladie par Dieu lui-même, nous avons deux choses qui nous aident à traverser au mieux toute épreuve de maladie : c'est la médecine et la foi en Dieu (la foi aux promesses de Dieu qui se trouvent dans la Bible).

Pour mon cas, je suivais tous les traitements prescrits par les médecins ou les guérisseurs traditionnels. En fait, pour moi, Dieu existait, mais je n'avais pas la foi. La foi, pour moi, était une simple notion historique et purement philosophique, qui n'avait rien à voir avec la réalité que les gens vivaient au quotidien. Mais, avec l'épreuve du rhumatisme, j'ai fini par la rechercher. J'ai fini par comprendre que, avec des maladies graves ou chroniques, il faut bien quelque chose de plus que les médicaments, et c'est la foi. La foi en Dieu, c'est-à-dire la foi aux promesses de Dieu qui se trouvent dans la Bible.

Permettez-moi de souligner ici qu'il s'agit d'une réalité fondée sur l'expérience de longues années de maladies qui me conduit à croire que Dieu guérit encore aujourd'hui. C'est ainsi que, lorsque je vois une personne malade, je sais comment Dieu m'a guéri et je lui dis : « Invite Dieu à te venir en aide et il pourra te guérir. Dieu pourra le faire sans demander l'avis de quelqu'un. Car tout ce que Dieu veut, il le fait. » Partant de ma propre expérience et de celle des autres personnes malades et guéries, je peux me permettre de dire qu'il y a des gens qui sont aujourd'hui malades, mais, lorsqu'ils seront guéris, ils témoigneront plus que nous encore de la guérison divine. Je pense que, lorsque Dieu guérit une personne, il fait de lui un témoin de sa puissance.

Pour mon cas, la foi n'est pas venue en me réveillant, mais par le fait d'écouter l'Évangile et de lire des récits bibliques. En réalité, je me familiarisais avec une série d'histoires dans lesquelles le Seigneur avait guéri les gens qui se trouvaient dans des situations désespérées. Je lisais souvent l'histoire de Job, qui était frappé par la lèpre, et j'ai découvert comment Dieu l'avait guéri parce qu'il avait confiance en Dieu. L'une des leçons à retenir à travers l'histoire de Job est la suivante : il est plus important de connaître Dieu que de connaître toutes les réponses à nos questions. Je lisais aussi l'histoire de la femme qui avait souffert de pertes de sang pendant douze ans et qui avait été guérie par le simple fait qu'elle avait eu confiance dans le Seigneur Jésus-Christ.

Ensuite, je lisais et voyais comment certains parents venaient se jeter aux pieds du Seigneur Jésus pour implorer sa miséricorde sur leurs enfants malades ou mourants. J'ai découvert comment Dieu les guérissait alors même qu'il ne les avait même pas touchés. Dieu les guérissait grâce à la foi de leurs parents. Voilà ce qui a fait naître aussi la foi en moi.

Aujourd'hui, par la foi au Seigneur Jésus-Christ, j'ai reçu la guérison que ni mon père ni ma mère, que je chéris beaucoup, ne pouvaient me donner.

Oh, quelle sombre vallée, longue et solitaire, ai-je traversée rien que pour le rhumatisme ! C'est surtout lorsque je suis devenu adulte que j'ai vraiment ressenti une profonde tristesse causée par cette grave affection. Avec le rhumatisme, je dirais sincèrement que j'ai marché dans la vallée de l'ombre de la mort, comme l'un de nos aînés dans la foi, David, ce roi exceptionnel. Cependant, à la différence de moi,

David ne craignait aucun mal, même lorsqu'il marchait dans la vallée de l'ombre de la mort ; or, moi, j'avais peur de la mort.

En fait, je pense que l'une des raisons qui mettaient David en sécurité, c'est qu'il savait qui était son berger, Dieu, comme il en témoigne dans le Psaume 23. Or, moi, je n'avais pas de berger, c'est-à-dire Dieu. C'est pourquoi la peur me gagnait souvent. C'était souvent le cas lorsque les proches parents ou voisins venaient dire à ma mère qu'ils m'avaient vu succomber à cette maladie, dans leur rêve. Bien que, je l'avoue, je pouvais faire semblant de ne pas tenir compte de ces rêves sinistres, la nuit, j'étais souvent tourmenté à l'idée de voir ma vie supprimée sans avoir accompli grand-chose. C'est ainsi que je me voyais verser abondamment des larmes de tristesse la nuit avant de m'endormir.

Je pense que si les larmes étaient une banque, mes yeux seraient à découvert. Et je me demandais si souvent pourquoi, moi, je ne pouvais pas rêver des gens qui me rêvaient mal. Pourquoi n'y avait-il qu'eux qui pouvaient rêver et pas moi ? Assurément, c'est aussi cela être le sanctuaire de la maladie.

Aujourd'hui, je suis sorti victorieux et gagnant de cette épreuve.

Victorieux, parce que le rhumatisme a été vaincu.

Gagnant, parce que c'est au travers de cette maladie que j'ai reçu le plus beau cadeau qu'une personne puisse recevoir dans le monde présent et dans le monde à venir. Et ce cadeau, c'est le Seigneur Jésus-Christ.

C'est avec le rhumatisme que j'ai pu me réconcilier avec Dieu, en acceptant le Seigneur Jésus-Christ comme mon Seigneur et mon Sauveur. Le rhumatisme a alors été une eau amère de la vie qui m'a conduit à connaître Dieu et à faire la paix avec lui, en croyant au Seigneur Jésus-Christ, et en le recevant dans ma vie.

Certes, dix années, cent vingt mois et cinq cent vingt semaines de calvaire pour recevoir en fait le plus beau cadeau qu'une personne puisse recevoir: le Seigneur Jésus-Christ.

Voyons-nous comment nous pouvons passer par le pire (la maladie grave) avant de recevoir le meilleur de tous (le Seigneur Jésus-Christ) ?

Épreuve 10: les hépatites B et C

En 2009, lorsque j'ai fait un bilan général de santé, le rapport montrait que j'étais atteint de l'hépatite B et de l'hépatite C. En lisant le rapport médical, les médecins ont constaté que j'étais guéri de l'hépatite B alors même que je n'avais pas pris un seul traitement. Cependant, il restait l'hépatite C. J'ai été troublé par les résultats de ces examens. Pourquoi ? Parce que non seulement ces hépatites peuvent avoir une forme chronique, mais en plus leur virus est plus infectieux que le VIH. C'est notamment le cas de l'hépatite B, qui est de cinquante à cent fois plus infectieuse que le VIH d'après la Fondation pour la recherche médicale (FRM) – recherche menée par Fabien Azoulim, directeur de l'unité INSERM U871 Physiopathologie moléculaire et nouveaux traitements des hépatites virales, et chef du service d'hépathogastroentérologie au CHU de Lyon avec son équipe.

Mais que sont les hépatites B et C ? Définissons-les.

L'hépatite B est une maladie du foie transmise par le virus VHB et dont la forme chronique est potentiellement létale, c'est-à-dire mortelle. L'hépatite C, ou VHC, quant à elle, est une pathologie du foie qui, non prise en charge, peut conduire au développement d'une cirrhose, voire d'un cancer hépatique.

D'après la FRM, on compte 170 millions de personnes touchées par l'hépatite C dans le monde et 360 000 en France, avec 2700 cas de décès par an en France.

Par ailleurs, 240 millions de personnes vivent avec une infection chronique par le virus de l'hépatite B. Quel désastre ! Quelle calamité pour l'humanité ! Que Dieu nous vienne en aide !

Ainsi donc, on compte plus de 400 millions de personnes infectées dans le monde rien que par les hépatites B et C. Quels géants nuisibles pour la santé de l'homme ! Que Dieu nous vienne en aide !

La bonne nouvelle, c'est que Dieu mettra un jour fin à toutes ces hépatites qui menacent la santé des hommes et des femmes.

Cependant, quelques semaines après le deuxième rapport de mon bilan de santé, les médecins ont constaté qu'il n'y avait plus non plus d'hépatite C. Quel soulagement ! Ils ont même remis en cause l'existence antérieure de l'hépatite C. Quelle expérience mystérieuse ! Voilà comment je fus tiré de cette affaire, de ces deux géants (l'hépatite B et l'hépatite C). Le premier bilan de santé a fait remarquer l'existence d'une hépatite C, et le second bilan son absence ou sa disparition. Oui, c'est ce que j'appelle aussi être le sanctuaire de la maladie.

C'est ici l'occasion de répondre à la question : est-ce le karma ou le destin si nous sommes malades ?

Je répondrai, pour ma part, que nous ne saurons pas toujours toutes les causes. En effet, nous ne saurons toujours pas pourquoi telle ou telle personne est malade. Dieu seul le sait. Car lui seul sait tout et connaît tout. C'est pourquoi je ne suis pas du même avis que les théories ou les philosophies qui consistent à dire que tout ce qui nous arrive est le résultat de notre vie antérieure, de nos pensées ou encore de nos actes. Certainement, à bien des égards, nous vivons le résultat de nos actes ou de nos pensées. C'est une réalité qui peut être acceptée sur bien des cas, mais pas sur tous les cas ou sur toutes les situations. Pour nous en convaincre, nous pouvons lire l'épître de Jean (chapitre 9, versets 1 à 3) sur l'épisode d'un aveugle de naissance. En effet, les disciples ont posé cette question au Seigneur Jésus : « Rabbi, qui a péché, l'homme ou ses parents, pour qu'il soit né aveugle ? » Écoutons la réponse du Seigneur Jésus aux disciples : « Ce n'est pas que lui ou ses parents aient péché ; mais c'est afin que les œuvres de Dieu soient manifestées en lui. » Voyons la réponse du Seigneur Jésus, lui qui est maître, lui qui a la capacité de tout savoir sur la vie d'une personne, sur son passé, son présent et son avenir. Il a répondu: Ce n'est pas parce que cet homme a péché, mais c'est afin que les œuvres de Dieu soient manifestées en lui. Ce qui revient à dire que ce n'est pas parce qu'il a eu des pensées de maladie ou a commis de mauvais actes qu'il est né aveugle. Non, non, non. Il était dans cet état pour que les œuvres de Dieu soient manifestées en lui.

Précisons ici que le Seigneur Jésus-Christ est le chef du monde spirituel et physique, et qu'il est le seul à avoir les réponses à toutes les questions que les hommes peuvent se poser. Les disciples ont posé directement la question au Seigneur Jésus et ils ont eu la réponse. Ainsi donc, si nous avons des questions difficiles auxquelles nous ne trouvons pas de réponse auprès des hommes, il est préférable de les poser directement au Seigneur, car lui seul a une réponse fiable. Mais retenons que le Seigneur n'est pas obligé de donner satisfaction à toutes nos questions. Il peut répondre tout comme il peut ne pas répondre. Cela dépend de sa souveraineté, de son bon vouloir. Souvenons-nous de la leçon apprise au travers l'épreuve de Job : ce qui importe c'est de chercher à connaître Dieu plutôt que de vouloir obtenir toutes les réponses à nos questions. La connaissance de Dieu est préférable à la recherche des réponses à toutes nos questions.

Assurément, même aujourd'hui encore, plusieurs personnes sont malades pour des raisons qu'elles ignorent peut-être. Le plus important, c'est d'avoir la foi en Dieu sur sa guérison. Car vouloir obtenir des réponses à chaque question ne nous garantit pas toujours la guérison. Mais c'est la foi en Dieu, notamment au Seigneur Jésus-Christ, qui peut garantir la guérison. Comme dans l'épisode de l'aveugle de naissance que nous avons vu précédemment, il a cru et il a été guéri.

Pour ma part, j'avais toujours peine à accepter qu'une personne qui croit au Seigneur Jésus-Christ soit encore malade. Mais c'est aussi l'exemple d'Épaphrodite, l'un des fidèles compagnons de l'apôtre Paul, qui m'a permis de reconnaître cette réalité. Epaphrodite fut pourtant un croyant engagé dans l'œuvre de Dieu ; mais il était malade, gravement malade. Écoutons ce que l'apôtre Paul dit lui-même au sujet d'Épaphrodite dans Philippiens (chapitre 2, verset 27) : « Il a été malade, en effet, et bien près de mourir ; mais Dieu a eu pitié de lui, et non seulement de lui, mais également de moi, pour que je n'éprouve pas une tristesse encore plus grande.» Nous avons parlé de ce récit pour montrer que l'on peut être un croyant authentique et être cependant malade. Enfin, le récit du Seigneur Jésus sur « le jugement des nations » m'a aidé encore à comprendre que même un croyant engagé peut être malade. Le Seigneur le dit, en Matthieu 25 : 35-46, en ces mots: « J'étais malade et vous ne m'avez pas rendu visite.» Il fait allusion aux croyants malades. En fait, il se révèle aussi à travers ce passage l'idée que Dieu est attentif à la façon dont nous nous comportons envers les croyants qui sont malades aujourd'hui. Car le jugement du Seigneur sur les nations sera immanquablement au rendez-vous pour juger aussi notre attitude envers les malades.

Pour tout dire, j'ai souffert de plusieurs autres maladies comme la dysenterie amibienne, la pneumopathie, la sinusite,…et s'il fallait les énumérer, l'une après l'autre ici, ce livre aurait été long et je ne l'aurais pas encore fini. Oui, c'est ce que j'appelle être le sanctuaire des maladies. Toutefois, je me suis proposé d'aller à l'essentiel car l'objectif de ce livre est de réconforter les personnes qui passent par des épreuves difficiles comme les maladies.

Puisse le Seigneur vous réconforter par ce témoignage.

A Dieu soit la gloire ! Lui qui m'a guéri de toutes ses maladies et qui m'a délivré de toutes ses épreuves.

A Dieu seul soit la gloire ! Lui qui a présidé à la réalisation de ce livre.

Table des matières

Introduction 7

Épreuve 2 : la gale 15

Épreuve 3 : la bronchite 18

Épreuve 4 : le paludisme 20

Épreuve 5 : l'épilepsie 23

Épreuve 6 : la fièvre typhoïde 28

Épreuve 7 : la teigne et l'otite 31

Épreuve 8 : la tuberculose pulmonaire 34

Épreuve 9 : le rhumatisme articulaire aigu 42

Épreuve 10: les hépatites B et C 47